© 2017, Poyet, Karine
Edition : Books on Demand,
12/14 Rond-Point des Champs-Elysées, 75008 Paris
Impression : BoD - Books on Demand Norderstedt, Allemagne
ISBN : 9782322085453
Dépôt légal : novembre 2017

# POYET KARINE

# La symbolique des rêves en songe tome 4

## Table des matières

Songe d'oasis ................................................................15
Songe d'obésité ............................................................17
Songe d'obscénité ........................................................19
Songe d'obscurité .........................................................22
Songe d'océan ..............................................................26
Songe d'œuf .................................................................33
Songe d'ongles .............................................................36
Songe d'opération ........................................................42
Songe d'or ....................................................................47
Songe d'orage ..............................................................53
Songe d'oreille .............................................................55
Songe de pain ..............................................................60
Songe de palais ............................................................66
Songe de palme ...........................................................70
Songe de panneau .......................................................72
Songe de papillon ........................................................74
Songe de paradis .........................................................78
Songe de parapluie ......................................................80
Songe de parchemin ....................................................84
Songe de parents .........................................................86
Songe de pauvreté .......................................................92
Songe de peigne ..........................................................94

Songe de père ..................................................................... 98
Songe de pigeon ................................................................ 102
Songe de quai .................................................................... 109
Songe de quarantaine ....................................................... 113
Songe de querelle .............................................................. 115
Songe de question ............................................................. 117
Songe de quête .................................................................. 121
.............................................................................................. 123
Songe de quincaillerie ...................................................... 124
Songe de quittance ........................................................... 126
Songe de quitter ................................................................ 128
Songe de quolibets ............................................................ 130

Vous aimeriez comprendre vos Songes et interpréter les signes et symboles de vos nuits ?

Vous vous réveillez le matin et vous avez encore ses brides de rêve qui vous reste dans la tête cette image persistante.

Il faut savoir que de nombreux psychanalystes ont révélé le caractère symbolique des différentes apparitions dans les rêves.

Avec cet ouvrage fini le pressentiment qu'il y a quelque chose que vous oubliez, ayez un temps d'avance sur votre destinée.

L'interprétation des Songes permettra de comprendre votre destinée et les symboles mystiques qui nous sont donnés par nos anges de lumière.

Le rêve dans l'Antiquité on parlait de songe, comme je l'écrive dans mon précédant ouvrage.

C'est après un long travail journalistique et littéraire, que je me suis aperçu qu'il fallait reprendre les définitions des Songes, à leurs origines.

Après ce premier travail j'ai pu remettre ceci au goût du jour.

J'ai tout de suite dû me rendre à l'évidence que je ne pourrais publier cet ouvrage en un seul exemplaire.

Car il aurait compté plus de 1200 pages !

Donc en définitif j'ai préféré l'éditer sous la forme de Tome, celui-ci est le deuxièmes d'une longue série.

## Remercîment

Vous n'échouerez sans doute jamais autant que moi !

Certains échecs dans la vie sont inévitables c'est impossible de vivre sans échouer à un moment donné.

A moins que vous viviez en étant si attentif que vous en oubliez carrément de vivre ?

Et dans ce cas vous avez échoué d'avance !

Mrs J.K Rowling

# Songe d'oasis

**Songe d'oasis et en voir un au loin dans le désert en songe :** signifie que vous êtes insatisfait matériellement.

**Songe d'oasis et en chercher une en songe :** indique que votre surmenage peut provoquer de graves ennuis.

**Songe d'oasis peut aussi signifier :** méfiez-vous de rester oisif.

**Songe d'oasis :** c'est l'annonce d'un repos agréable, de vacances inattendues, de paix morale.

**Songe d'oasis n'annonce pas forcément une vie calme :**

Une trêve à vos soucis.

Ce peut être aussi bien le signe d'une fausse amélioration de vos affaires, à laquelle vous ferez bien de ne pas ajouter foi.

**Découvrir une oasis en songe :** est signe de de mauvais choix dans votre existence.

**Songe d'oasis et s'y trouver :** prédit une période agréable.

**Songe d'oasis et si c'est mirage dans votre rêve :** cela peut être un avertissement, ne vous endormez pas sur vos lauriers.

# Songe d'obésité

**Songe d'obésité peut signifier :** que vous n'êtes pas assez rapide dans vos choix.

**Songe d'obésité signifie :** dans certains cas que vous manquez de confiance en vous.

Ce rêve traduit des désirs et un espoir d'abondance et de richesse.

**Songe d'obésité peut signifier :** que votre santé vous préoccupe.

**Songe d'obésité :** annonce parfois des bénéfices qui augmentent.

**Une jeune fille qui rêve d'obésité :** signifie souvent un désir de maternité, de bonne santé et d'embellissement du corps.

# Songe d'obscénité

**Songe d'obscénité symbolise :** les facettes de votre vie sexuelle, cela peut représenter également un manque dans ce domaine.

Ce rêve peut indiquer que vous cherchez à étouffer certains de vos fantasmes.

**Songe d'obscénité signifie :** que vos comportements choquent votre entourage.

**Songe d'obscénité et se comporter de cette façon en songe :** vous prédit des soucis vis à vis de la société.

**Songe d'obscénité et dire des obscénités :** annonce que vous allez vous faire des ennemis.

**Songe d'obscénité et voir une personne que vous connaissez avoir un comportement obscène, signifie :** que cette même personne à une dent contre vous.

**Songe d'obscénité signifie :** affront prochain.

**Songe d'obscénité et entendre l'être aimé proférer des propos obscènes en songe :** est un présage positif.

**Avoir la vision d'un événement obscène en rêve signifie :** que vous refusez certaines facettes de votre personnalité.

# Songe d'obscurité

**Songe d'obscurité représente ou symbolise :** l'incapacité, l'inconscient, le peine, la mort et la crainte de l'inconnu.

**Songe d'obscurité :** change le sens de tous les rêves et place le rêveur dans le mystère, et les intrigues.

**Songe d'obscurité et s'y trouver en sécurité :** révèle que vous ignorez volontairement certaines choses.

**Si vous rêvez que vous cherchez quelqu'un dans l'obscurité et que vous ne trouvez personne, cela signifie :** qu'un échec peut survenir, mais qu'il faudra pas perdre courage.

**Songe d'obscurité et y être perdu :** reflète des sentiments de désespoir, de dépression ou d'insécurité.

**Songe que vous marchez à tâtons dans l'obscurité signifie :** que vous disposez de suffisamment d'informations pour faire des choix judicieux.

**Songe d'obscurité prédit :** que vous chercherez la lumière dans une affaire assez embrouillée.

**Songe d'obscurité et s'égarer pendant l'obscurité annonce :** une présomption déjouée.

**Songe d'obscurité :** tristesse et mélancolie ou chagrin d'amour.

Ce rêve peut-être un avertissement vis à vis de vos comptes ; mettez-les à jour.

**Songe d'obscurité et lire dans celle-ci annonce :** des démarches compliquées.

Se trouver dans l'obscurité en rêve peut être annonciateur de maladie.

**Songe d'obscurité et songer qu'on est dans l'obscurité, indique :** une certaine tristesse de votre caractère.

Il peut vous survenir des ennuis par votre faute, et parce que vous ne savez pas réagir et avoir du courage et de la philosophie.

**Songe d'obscurité sur le plan des affaires signifie :** évitez de mettre un tiers dans vos projets.

# Songe d'océan

**Songe d'océan symbolise :** l'esprit cosmique et l'inconscient.

**Songe d'océan agité annonce :** des bouleversements très importants qui pourraient barrer votre chemin vers vos objectifs.

**Songe d'océan calme, indique :** que vous serez bientôt apaisé et que vous allez vous épanouir.

**Songe d'océan et y nager tranquillement signifie :** que vos entreprises iront bien.

**Songe d'océan magnifique, annonce :** une période de joie.

**Songe d'océan sombre et gris signifie :** période de solitude.

**Songe d'océan dans un contexte positif :** est toujours un bon présage.

Ce rêve peut également indiquer un voyage.

# Songe d'œil

**Songe d'œil symbolise :** une prise de conscience du rêveur.

**Songe d'œil peut annoncer :** qu'une indiscrétion peut vous causer des ennuis.

**Songe d'un œil crevé ou arraché signifie :** qu'on vous portera préjudice.

**Songe d'un enfant avec des yeux bleus annonce :** que vous désirs se réaliseront.

**Songe d'un œil myope annonce :** des pertes dans tous les domaines.

**Songe qu'on vous bande les yeux signifie :** que l'on vous apprendra une nouvelle qui vous déplaira.

**Un œil de bœuf en rêve s'il est ouvert annonce :** le succès et s'il est fermé indique des ennuis en perspective.

**Songe d'œil signifie :** bonté, sagesse et discernement.

**Songe d'œil et en perdre un en songe :** disparition d'une connaissance.

**Songe d'œil et perdre les deux :** richesse inespérée.

**Songe d'avoir les yeux derrière la tête :** secours d'un grand.

**Songe d'œil malade signifie :** attention à la malchance.

**Songe d'œil et se voir loucher :** vous ne prêtez pas assez attention à ce que vous entoure.

**Songe d'œil bleu :** est un signe d'amour.

**Songe d'œil vert :** indique la déception.

**Songe d'œil gris :** annonce l'infidélité.

**Songe d'œil noir présage :** d'amour violent.

**Songe d'œil qui pleure signifie :** que vous aurez toute satisfaction.

**Songe d'œil poché est annonciateur :** de querelles entre amis.

**Songe du mauvais œil :** une belle occasion s'offrira à vous.

**Songe d'œil droit signifie :** futur changement d'activité.

**Songe d'œil gauche :** révèle la passivité et la mémoire de passé.

**Songe d'un troisième œil :** indique la sagesse chez le rêveur.

**Songe d'œil d'Horus annonce :** que la justice vous viendra en aide.

**Songe d'œil blanc qui vous regarde représente :** un adversaire malhonnête.

**Songe d'œil brun :** on vous freine dans votre projet.

**Rêve d'œil noisette :** en en songe on attitre les ennuis.

**Songe d'yeux dorés :** un homme vous fera une déclaration passée.

**Des yeux cernés en rêve annonce :** une baisse de moral.

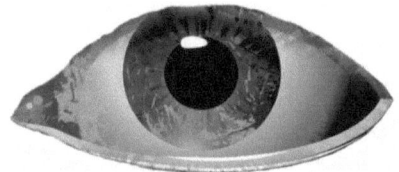

# Songe d'œuf

**Songe d'œuf et en manger en rêve est un signe :** d'appétit paresseux.

**Songe d'œuf dur :** embarras dans l'œsophage.

**Songe d'œuf brouillé annonce :** une peine.

**Songe d'œuf et si quelqu'un vous en barbouille le visage :** cela dénote que serez le but d'une persécution.

**Songe d'œuf et en voir un cassé signifie :** tristesse.

**Songe d'œuf en grand nombre est un signe :** de procès.

**Songe d'œuf poché indique :** une période favorable.

**Songe d'œuf et en casser un à double jaune, prédit :** que vous ferez une rencontre.

**Songe d'œuf et le couver annonce :** une brouille avec vos proches.

**Songe d'œuf Cuit :** ou de diverses manières annonce le bonheur paisible.

Casser des œufs en rêve ragots.

**Songe d'œuf entier :** affaire dans laquelle on cherchera à vous berner, c'est à vous de montrer que vous n'êtes pas une poule mouillée.

**Songe de jaune d'œuf et le manger signifie :** prenez garde de donner l'occasion de vous rendre idiot.

**Songe d'œuf dur :** refus d'argent.

# Songe d'ongles

**Songe d'ongles représente :** les instincts combatifs, nutritifs, de défense, ou même sexuels, on suppose que ce rêve traduit également des sentiments d'avarice ou d'âpreté au gain.

**Songe d'ongles et les avoir longs en songe indique :** une excellente combativité, vous êtes prêt à vous battre pour votre dû, mais il faut apprendre à canaliser cette agressivité.

**Songe d'ongles arrachés est un songe :** néfaste, de très mauvais augure, est-ce dû à une mémoire collective qui nous relie aux temps anciens, les ongles arrachés en rêve annonce la souffrance, la pauvreté, la décadence ou encore un déluge de misères et d'afflictions.

**Songe d'ongles cassés ou et les avoir courts ou encore rongés reflète :** votre manque de confiance en vous, vous vivez peut-être une période d'angoisse ou d'inquiétude.

**Songe d'ongles longs :** vos affaires déclinent ; il est temps d'y remédier, mais s'ils sont plus longs que de coutume, grand profit.

**Songe de faux ongles vernis, signifie :** ne vous laissez pas aller à trop de futilités, il y a mieux à faire !

**Songe d'ongles qui tombent signifie :** danger de maladie.

**Songe d'ongles coupés :** peut être lié à un désir de propreté.

**S**'ils sont blancs cela prédit l'aisance, le luxe et la réussite.

**Se les couper signifie :** grande joie.

**U**n rêve d'ongle cassé est annonciateur de problèmes.

**Songe d'ongle sale :** déshonneur ou inconduite.

**Songe d'ongle de pied :** signifie dispute.

**A**voir mal aux ongles en rêve peut annoncer des querelles dans votre intérieur.

**Songe d'ongles vernis propres et bien taillés :** vie heureuse.

**Doigts dépourvus d'ongles :** faillite, affaire qui tourne très mal.

**Ongles crochus ou acérés :** vous vaincrez à merci vos adversaires.

**Songe d'ongles, et si vous coupez vos ongles en rêve :** gare à la dispute familiale !

**S**ont-ils longs, signe de paresse ; plus longs que nature, exagérés, c'est un profit pour vous, trop courts, contrariétés surmontées par votre activité, vous travaillez honnêtement, exagérément courts, vous perdrez de l'argent et quelques agréments.

**Les ongles qui tombent ou sont arrachés :** très mauvais rêve, annonce de misère, de difficultés, de deuils.

**Songe de manger ses ongles :** inconduite, libertinage, excès.

**Pour les anciens onirologues Songe d'ongles arrachés signifie :** que le mal plane dans les environs.

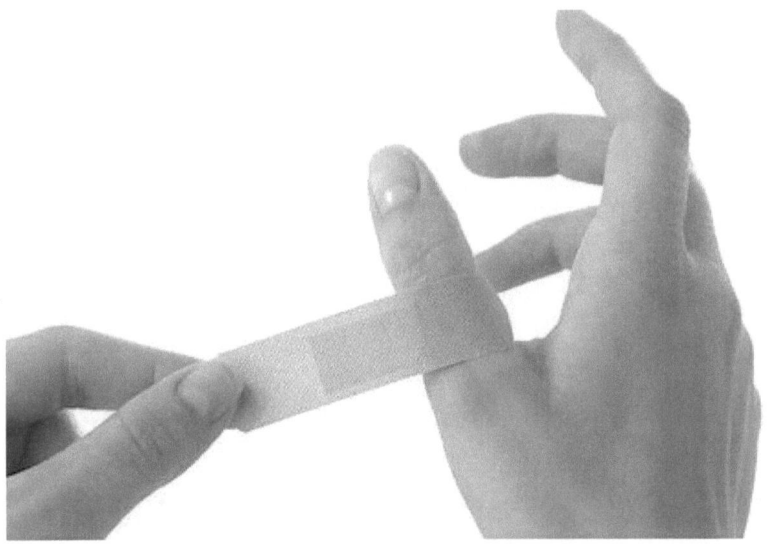

# Songe d'opération

**Songe d'opération est souvent :** lié à la recherche d'une guérison soit spirituelle ou émotionnelle, ce rêve d'opération est fréquemment déclenché par une rupture amoureuse ou une perte d'emploi.

**Songe d'opération et voir quelqu'un d'autre se faire opérer indique :** que vous avez besoin de couper ou de repousser quelque chose avec cette même personne.

**Songe d'opération peut également représenter :** une autorité extérieure qui vous angoisse, car vous sentez manipulé par elle.

**Songe d'opération chirurgicale est l'annonce :** que des tracas insolubles seront promptement résolus.

**Songe d'opération chirurgicale indique :** qu'il faut agir avec droiture et respect et à cette condition vous serez très bien récompensé, car vous le mériterez.

**Songe d'opération des yeux :** dans certain contexte peut indiquer une rupture amicale.

**Songe d'opération et être opéré annonce :** une bonne santé et une amélioration dans le domaine de l'argent.

**Songe d'opération et que vous subissez une opération peut refléter :** une certaine solitude.

**Songe d'opération et y assister :** vous trouverez de l'aide chez vos vrais amis.

**Songe d'opération du cœur et opérer vous-même en songe :** prédit la richesse.

**Songe d'opération de chirurgie esthétique signifie :** que vous tentez d'améliorer votre image vis à vis des autres.

**S**i vous rêvez qu'un de vos proches va subir une opération, cela signifie qu'il aura besoin de votre aide mais que vous aurez bien du mal à lui apporter.

**Songe que votre enfant va subir une opération, reflète :** souvent une crainte irraisonnée, qu'il lui arrive quelque chose.

**L'endroit où est effectué l'opération à une importance dans la signification de ce rêve :** Une opération du cœur est le présage d'une déception amoureuse.

**A la tête signifie :** que vous ferez une faute de jugement.

**Songe d'une opération du dos ou aux reins représente :** votre travail.

Au pied annonce que vous prenez une mauvaise direction.

**Songe d'une opération au ventre ou au foie indique :** que vous avez de mauvaises pensées.

# Songe d'or

**Songe d'or symbolise :** le soleil, la richesse, la guérison, on dit également qu'il représente l'amour dans les rêves, ainsi que la longévité.

Ce rêve est souvent lié à l'élévation morale et spirituelle.

**Voir briller un lingot d'or est un présage :** d'avenir heureux.

**En voler dans un songe indique :** une mésentente.

**Songe que vous cherchez de l'or indique :** que vous avez les moyens d'installer le bonheur dans votre vie.

**Si vous voyez des pièces d'or en rêve, cela signifie :** qu'il faudra vous donner du mal pour réussir dans vos projets.

**Si vous en recevez en songe cela annonce :** que vous serez bientôt récompensé.

**Songe d'or et en changer signifie :** des querelles qui peuvent avoir de graves conséquences.

**Songe d'or blanc et en voir du faux prédit :** une amourette, une rencontre sans lendemain.

**Songe de lingot d'or signifie :** richesse assurée.

**Enterrer de l'or dans votre rêve révèle :** que vous tentez de cacher quelque chose sur vous-même.

**Songe d'or et en fondre en songe :** vous connaîtrez un dépit amoureux.

**Songe d'or et en trouver :** vous ferez une découverte intéressante.

**S'il est faux dans votre songe cela signifie :** que les honneurs sont éphémères.

**Songe d'or et en boire :** perte d'argent.

**Songe d'or et en manger :** chagrins amers.

**Rêvez-vous que vous en fabriquez, cela indique :** que dans la vie vous perdez votre temps au lieu de l'employer à votre profit ; en mangez-vous, vous aurez de l'amertume et du chagrin.

Cependant si vous en trouvez, en rêve, il y a à espérer en vérité quelques petits profits.

**Songe d'or sur le plan amoureux annonce :** qu'on vous séduira par des paroles trompeuses.

**Si vous rêvez que vous décrochez de l'or, cela annonce :** une bonne chance dans les affaires.

**Si vous rêvez que vous avez une mine d'or, signifie :** attention à votre renommée.

**Se parer de bijoux en or prédit :** la gaieté et les honneurs.

Excellent rêve surtout si l'or est en pépites ou en lingots.

# Songe d'orage

**Songe d'orage symbolise :** la colère, la rage, la peur, ce rêve d'orage annonce souvent des changements rapides.

**Si une jeune femme rêve d'orage, cela peut annoncer :** des problèmes dans le domaine amoureux.

**Songe d'orage et l'entendre signifie :** que vous ne devriez pas faire attention aux rumeurs.

**Songe d'orage peut indiquer :** que le rêveur a besoin de sortir du quotidien pour vivre sa passion.

**Songe d'orage violent est bon signe :** pour les affaires, mais pas pour les sentiments.

**Etre en plein champ alors qu'un orage éclate dans votre rêve signifie :** une période où vous aurez besoin de protection mais celle-ci sera très difficile à trouver.

**Si vous rêvez que vous êtes sous un arbre pendant un orage :** c'est un avertissement onirique de danger, la prudence est donc de rigueur !

# Songe d'oreille

**Songe d'oreille symbolise :** la réceptivité et la sensibilité avec votre entourage.

**C**'est aussi un symbole féminin.

**Songe d'oreille indique :** que vous pouvez vous fier à votre intuition et à votre bon jugement ou que vous pouvez très bien écouter et vous adapter aux autres.

**Songe d'oreille indique :** que vous devez prêter plus d'attention à ce qui se dit autour de vous.

**I**l peut également signifier que vous manquez d'expérience face à un événement ou à une situation.

**Songe d'oreille peut être un avertissement onirique :** qui vous prévient d'être prudent dans vos paroles, car vos adversaires pourraient transformer vos propres mots contre vous.

**Se boucher les oreilles en songe signifie :** souvent que la vérité vous fait peur.

# Songe de pain

**Songe de pain symbolise :** les besoins fondamentaux humains et la nourriture spirituelle.

Ce rêve représente l'optimisme, manger du pain en rêve révèle que le rêveur craint la pauvreté ou le retour à des temps difficiles.

**Songe de pain que l'on distribue signifie :** que l'on renonce à un amour.

**En manger avec la personne aimée en songe, cela indique :** le bonheur en ménage.

**Songe de pain qu'on ne peut avaler, signale :** un amour indigne de vous.

**Songe de pain que l'on donne aux oiseaux, annonce :** la reconnaissance d'un ami perdu.

**En voir faire en songe :** est un bon présage, il annonce la fortune sans travail.

**Si vous rêvez que vous cuisez du pain en compagnie de quelqu'un d'autre, cela indique :** la prospérité jusqu'à la fin de votre vie.

**Songe d'une croûte de pain, signifie :** échec en affaires.

**Songe de pain frais :** est de bon augure.

**Un pain entier représente :** la vie dans sa totalité, vous pourrez évaluer le temps qui vous reste à vivre selon la longueur qu'il aura dans votre rêve.

**Songe de pain et en porter est un :** avertissement, attention à vos finances.

**Songe de pain et ne pas en avoir :** est de mauvais augure sur le plan professionnel.

**Songe de pain moisi annonce :** une vie dure et difficile ou des ennuis matériels.

**Le pain rassis en songe :** est un mauvais présage.

**Le pain sec au contraire représente :** une rentrée d'argent pour les plus pauvres.

**Songe de pain noir annonce :** la fin de la pauvreté.

**Couper du pain en songe signifie :** que l'on vous cherchera querelle.

**Si vous faites du pain dans votre rêve :** c'est un bon signe, c'est le moment de vous lancer.

**Si vous rompez le pain cela signifie :** que vous allez acquérir une certaine importance, il faut en faire profiter les autres.

**M**ais dans certains cas, le rompre est l'indice de faux amis.

**Voir du pain béni annonce :** des accordailles et le pain d'épices des fêtes familiales.

**Du pain d'orge en songe prédit :** des difficultés alimentaires ou pécuniaires, ou détresse, et manquement du nécessaire.

# Songe de palais

**Songe de palais et voir un palais en songe :** et mieux encore l'habiter, est un présage d'opulence, de réussite, de situation brillante due à une protection.

**Songe de palais et le brûler en songe :** est un signe de renommée, mais aussi de sottise.

**Songe de palais et l'habiter :** peut annoncer l'ennui, et la tristesse.

**Songe de palais et si vous êtes à l'intérieur en rêve :** c'est un présage de succès.

**Songe de palais et si vous ne parvenez pas à y pénétrer :** alors attendez-vous à des revers.

**Songe de palais royal :** est un présage d'intrigue, de complot et d'ingratitude.

**Songe de palais et en construire un en rêve :** votre ambition, jouera en faveur de vos adversaires.

**Songe de palais et en voir un en rêve :** peut indiquer qu'aurez une protection puissante.

**Songe de palais et le détruire en rêve, annonce :** que vous perdrez une certaine forme de pouvoir, ou vous aurez du mal à maintenir votre position.

**Songe de palais et en posséder un en songe, révèle :** que vous êtes entouré de gens envieux.

**Songe de palais que l'on reçoit en héritage, annonce :** une période de vie difficile.

**Songe de palais et le visiter en rêve indique :** parfois un changement positif dans votre existence.

# Songe de palme

**Songe de palme académique annonce :** une gloire qui ne vous rapportera rien.

**Songe de palme distinction honorifique, prédit :** une récompense méritée.

**Songe de palme peut également annoncer :** les honneurs, la puissance et la victoire

# Songe de panneau

**Songe de panneau et en voir un sur une route, représente :** un avertissement de votre inconscient qui faudra tenter de suivre.

**Songe de panneau (et tomber selon l'expression dans le panneau), annonce :** que vous ne tomberez pas dans un piège tendu par votre adversaire.

**Songe de panneau peut prédire :** que vous êtes menacé de citation en justice, un présage de dettes.

# Songe de papillon

**Songe de papillon :** est souvent une représentation de l'esprit ou de l'âme, c'est un présage de renaissance, de changement ou d'immatérialité.

**Songe de papillon révèle :** un désir de perfectionnement spirituelle, ou la volonté d'un épanouissement sentimental.

**Songe de papillon annonce :** sur le plan amoureux une légèreté en amour.

**Un papillon vu en rêve, peut prédire :** une aventure amoureuse.

**Songe de papillon est parfois un signe :** de faiblesse d'esprit.

**Songe de papillon et voir voltiger des papillons en songe indique :** une légèreté de votre part qui peut se manifester aussi bien en affaires qu'en affection, et vous est toujours néfaste.

**Songe de papillon et voir un papillon mort annonce :** une peine sentimentale.

**V**oir voler un papillon autour de vous en rêve, annonce le succès.

**Songe de papillon noir, annonce :** la possible réception d'une mauvaise nouvelle.

**Songe de papillon bleu et en attraper un, annonce :** l'amour.

**Songe de papillon blanc, annonce :** la rencontre d'une personne honnête de confiance.

**Tuer un papillon de nuit, prédit :** une grande tristesse.

**Collectionner les papillons en rêve, annonce :** une relation qui ne durera pas.

# Songe de paradis

**Songe** de paradis est un rêve qui est généralement de bon augure.

**U**n paradis annonce souvent le bonheur conjugal.

**Songe de paradis et si un inconnu vous y conduit :** c'est un présage de difficultés prochaines.

**Songe de paradis et si l'entrée vous en est interdite :** alors cela peut prédire la disparition d'une personne connue de vous.

**Songe de paradis dans un mauvais songer :** peut annoncer des discussions et des procès.

**Visiter le paradis en rêve peut prédire :** que vos désirs seront exaucés.

Voir le paradis en rêve, annonce une amélioration de votre existence.

**Songe de paradis signifie :** selon l'ancienne tradition onirique que vous serez à l'abri du danger.

# Songe de parapluie

**Songe de parapluie, représente :** une défense ou une sécurité émotionnelle.

**L**e rêveur ou la rêveuse, met en place un bouclier symbolique, contre ses propres émotions.

**Un parapluie brisé en rêve, indique :** que le rêveur n'est pas prêt à affronter ses problèmes.

**Songe de parapluie et trouver un parapluie :** n'a rien d'agréable en rêve, car cela annonce que nous allons perdre de l'argent.

**Songe de parapluie et le perdre :** au contraire, vous promet une trouvaille ou une surprise.

**Songe de parapluie et en voir un en songe, annonce :** un cadeau sans importance.

**S'abriter sous un parapluie en rêve :** vous promet une protection ; si vous êtes deux, vous allez connaître quelqu'un d'agréable.

**Songe de parapluie ouvert, indique :** que vous saurez vous garder des extravagances.

**Songe de parapluie fermé, signifie :** que les bons conseils ne seront pas écoutés.

**Un parapluie en rêve peut annoncer :** que vous aurez à faire plusieurs petits voyages.

**Parapluie retourné est le signe :** que quelqu'un vous trompe.

**Voir un parapluie ouvert dans une maison en songe, prédit :** une mauvaise nouvelle.

**Songe de parapluie qui se retourne avec le vent, indique :** une menace de trahison.

**Songe de parapluie et s'y abriter du mauvais temps, annonce :** une protection puissante.

**Songe de parapluie noir :** est de mauvais augure, mais si le parapluie est blanc, alors cela prédit une grande joie.

**Emprunter un parapluie à quelqu'un en rêve, annonce :** des malentendus avec un ami ou une amie.

# Songe de parchemin

**Songe de parchemin, annonce :** un retard dans vos affaires.

**Songe de parchemin et voir un très ancien parchemin en rêve, indique :** un que vous trouverez une solution inattendue dans un problème qui vous taraude.

**Songe de parchemin peut être un signe :** de dévouement.

**Songe** de parchemin peut indiquer également une trouvaille de valeur.

# Songe de parents

**Songe de parents :** peut-être un avertissement, une défense d'ordre moral spirituel, une invitation à ne pas s'abandonner aux désirs défendus par la morale ou la religion.

**Songe de parents disparus, prédit :** un malaise, indisposition.

**Songe de parents et Songe de ses parents, annonce :** des nouvelles prochaines.

**Songe de parents et subir en rêve la colère de ses parents :** est un mauvais présage, surtout s'ils sont décédés.

**Songe de parents :** peut-être un signe de sécurité et de protection.

**Se battre avec ses parents en rêve est un présage :** d'insuccès dans la vie du rêveur.

**Songe de parents et les craindre en rêve, révèle :** un complexe d'infériorité ou un sentiment de culpabilité.

**Songe de vos deux parents symbolise :** la fusion entre la partie masculine et la partie féminine de votre personnalité, en annonçant une période d'équilibre spirituel.

# Songe de pâtisserie

**Songe de pâtisserie :** est souvent une représentation des sentiments affectifs.

**Songe de pâtisserie, si vous êtes au moment de faire une chose qui vous laisse inquiet ou indécis :** ne la faites pas si elle peut nuire à votre réputation, car cela ne manquerait pas d'arriver.

**Songe de pâtisserie et manger des babas en rêve, annonce :** une surprise agréable.

**Songe de pâtisserie et voir des macarons, des madeleines, prédits :** quelques petits chagrins.

**Des pâtisseries comme par exemple des tartes, indique :** que vous agirez comme il le faut.

**Songe de pâtisserie, annonce :** un commerce avec des femmes.

Vous irez jusqu'à manquer à vos devoirs pour le simple plaisir de parler à l'une d'elles, de la charmer.

**Songe de pâtisserie et voir des brioches, signifie :** que vous courez à une bêtise.

**Songe de pâtisserie à base de nougat, annonce :** que vous apprendrez une naissance.

**Des galettes en rêve :** est une pâtisserie qui présage de réussite.

**Manger une pâtisserie en rêve peut annoncer :** selon le contexte, la douleur et l'ennui, douleur, ennui.

**La vision de massepains :** est une pâtisserie qui prédit une perte de temps.

**Offrir une pâtisserie en rêve indique :** que vous n'êtes pas aimé pour vous-même.

**Voir un manger des pâtisseries dans un rêve représente :** le sentiment de satisfaction charnelle, le plaisir.

# Songe de pauvreté

**Être pauvre dans un rêve :** c'est exprimer notre incapacité de satisfaire nos besoins de base.

**N**ous nous sentons inaptes, émotionnellement ou matériellement.

**S**ouvent, nous devons retourner à l'essentiel pour découvrir quels sont nos besoins réels.

**Songe de pauvreté, peut indiquer :** que vous n'utilisez pas au maximum votre potentiel.

**Songe de pauvreté représente :**
également vos difficultés à satisfaire vos besoins existentiels.

**Le rêve de pauvreté peut annoncer :**
des ennuis et des tracas coassés par des gens sans le sous.

**Songe de pauvreté, signifie :** que vous serez bientôt riche d'après l'ancienne tradition onirique.

**Songe de pauvreté, dans un rêve :**
peu favorable, annonce de nombreuses difficultés.

# Songe de peigne

**Songe de peigne et s'il est propre dans votre rêve, annonce :** du soin en toutes circonstances.

**Songe de peigne, annonce :** des problèmes qui demeureront insolubles si le peigne n'est pas propre.

**Songe de peigne peut annoncer :** un procès.

**Songe de peigne, annonce :** souvent des affaires embrouillées dont on a du mal à se dépêtrer, mais malgré tout, on s'en tirera avec du temps.

**Songe de peigne et selon le contexte peut être un présage :** d'abondance et de prospérité.

**Songe de peigne et s'en servir en rêve, indique :** que vous serez attaqué et que vous vous défendrez avec assurance.

**Songe de peigne et perdre le sien en rêve, prédit :** une dispute avec un ou amie.

**Songe de peigne et en acheter un en songe, indique :** que vous ferez du rangement dans vos affaires.

**Songe de peigne dégoûtant, signifie :** que vos efforts seront inutiles.

**Songe de peigne signifie :** trahison d'un ami voir dans le couple d'après l'ancienne tradition onirique.

# Songe de père

**Songe de père est le symbole :** de l'autorité mais également d'une puissante protection, la vision du père indique que vous devez vous libérer des entraves dû aux s'autres.

**Songe que vous frappez votre père en rêve, révèle :** un besoin pressant de plus de communication avec celui-ci.

**Songe de père est souvent :** un rêve prémonitoire, il est important de noter l'expression et l'attitude de son visage et de ses gestes, car s'il est mécontent ou en colère, cela signifie qu'il faudra renoncer à vos entreprises en cours, mais si c'est le contraire et s'il parait dans votre rêve heureux et bienveillant, il est conseillé de continuer votre projet.

**Songe de père et voir son père en rêve :** est un indice de bonheur, de protection dans la vie.

**Songe de père et voir son père mort :** s'il est vivant en songe, cela peut paraitre désagréable, mais c'est une annonce de longue vie pour lui.

**Songe de son père peut prédire :** que vous aurez des reproches dans la journée.

**Songe de père peut être aussi :** un avertissement onirique de danger.

**Songe de père décédé en rêve et s'il est mort dans la réalité, indique :** que vous aurez des peines, mais avec de la consolation.

**Songe de père et le voir malade en songe :** invite à la prudence.

**Si dans votre rêve vous devenez père :** cela peut annoncer un mariage.

**Songe de père noël, annonce :** que quelqu'un que vous connaissez cherche à vous joindre.

Songe de père noël et lui parler en songe, annonce : une réussite, dans votre vie, votre couple, au travail.

**Songe de son père et se disputer avec lui :** est un présage de grande misère.

# Songe de pigeon

**Songe de pigeon :** le pigeon est l'emblème de l'affection et de la fidélité.

**Songe de pigeon et voir un pigeon voyageur en rêve est un présage :** de nouvelles.

**Songe de pigeon et voir de petits pigeons blancs en songe, annonce :** des succès, s'ils sont de plusieurs nuances, il peut y avoir des trahisons.

**Si dans votre rêve de pigeon vous en vendez un, c'est un présage :** de déroute financière.

**Songe de pigeonnier garni, annonce :** le bonheur conjugal.

**Songe de pigeonnier vide et plein de crotte est un signe :** de brouille et de dispute.

**Songe de pigeon :** est un présage d'amour tendre.

**Songe de pigeon est un signe :** d'amitié.

**Donner à manger à un pigeon en rêve, signifie :** qu'une bonne action de votre part, vous portera chance.

**Songe de pigeon :** peut prédire une réconciliation des faveurs lucratives.

**Songe de pigeon et en attrapé un en rêve, annonce :** la richesse, l'opulence.

**Tuer un pigeon en rêve, annonce :** une peine ou un chagrin d'amour.

**Songe de pigeon et en manger en songe, prédit :** une rencontre sentimentale.

**Songe de pigeon mort, annonce :** une déception amoureuse.

**Songe de pigeon blanc dans sa maison, annonce :** le succès dans les entreprises.

**Songe de pigeon noir et l'entendre roucouler est un signe :** de tromperie dans votre travail d'un ami m'ait le plus souvent dans votre couple.


**Songe de pigeon et le voir voler dans votre songe, indique :** que vous allez recevoir une nouvelle d'une personne aimée.

# Songe de quai

**Songe de quai est un signe :**
d'entreprises, en général assez bonnes.

**Si vous vous voyez courant sur un quai :** vous allez avoir des inquiétudes d'affaires.

**S**i le quai est plein de marchandises, soucis du même ordre.

**S**'il y a un train ou un bateau en partance, c'est un voyage pour vous en perspective.

**Voir un quai de chemin de fer annonce :** un déplacement imminent, un voyage à l'étranger.

**Songe d'avoir un rendez-vous sur un quai, indique :** que le temps des choix est venu pour vous une décision importante.

**Songe que vous trouvez un cadavre sur un quai :** prévoyance, abri de tout danger.

**Songe d'aller et venir le long d'un quai :** vos affaires vous procureront bien des soucis par leur instabilité persistante.

**Quai encombré de denrées, de caisses prêtes à être embarquées :** on vous ravira le fruit de vos efforts.

**Songe de faire ses adieux sur un quai :** signifie tromperie d'une amie, dans votre couple ; le plus souvent dans votre entreprise.

# Songe de quarantaine

La quarantaine peut prendre deux définitions qui se distinguent en fonction de son sens.

Si le mot quarantaine intervient en prenant le sens d'une longue période de quarante ans, cette interprétation onirique fait référence à une sensation étrange de mélancolie.

Quand vous rêvez d'atteindre la quarantaine, ce rêve peut-être le symbole que vous vous sentez mal dans la peau.

**Songe de quarantaine signifie :** que votre prévoyance vous fait éviter un péril.

**Mettre une personne en quarantaine en songe indique :** que vous vous inquiétez pour rien.

**Si dans votre rêve on vous met en quarantaine, cela signifie :** que vous souffrez de solitude.

**Songe de la quarantaine :** Vous pourriez bien faire assez longtemps antichambre avant d'arriver au port ; cette prophétie est la bonne ancre.

# Songe de querelle

**Songe de querelle et voir des hommes se quereller :** c'est une crise de jalousie qui va vous faire souffrir.

**Querelle de femmes :** bavardages insupportables et ennuyeux.

**Si nous nous querellons nous-même :** nous serons fidèles à nos amitiés.

**Se quereller avec sa femme ou son mari pourrait bien annoncer :** la venue d'un bambin.

**Une querelle entre amis :** brouille suivie de réconciliation.

Songe d'une querelle d'amoureux, annonce : un mariage ou des fiançailles prochaines.

# Songe de question

**Songe de remettre en question quelque chose, indique :** que vous doutez de vous-même.

**La faculté de remettre en question les choses ou les faits dans vos songes :** peut également montrer que vous êtes sur un chemin spirituel.

**Songe qu'une personne vous pose une question révèle :** que vous avez peut-être une expérience à partager.

**Songe de poser une question représente :** votre inaction ou votre paresse.

**Répondre à des questions en rêve signifie :** que vous êtes actuellement dans l'ignorance la plus complète dans une situation que vous vivez.

**Ne pas répondre aux questions que l'on vous pose en songe est annonciateur :** d'une nouvelle néfaste.

**Songe de question :** peut aussi représenter une curiosité coupable, ou des soupçons mal fondés.

**Un inconnu vous pose une question signifie :** méfiez-vous d'être trop ambitieux.

**Songe de la question :** celle que l'on posait dans le temps de l'inquisition, vous ferez un aveu plein de gêne.

**Songe que vous l'appliquez à une personne signifie :** qu'on soulèvera une question qui amènera à une rupture des membres d'une famille ou d'une société.

**Songe de la question de l'inquisition en songe est le symbole :** de la cruauté, et la barbarie.

# Songe de quête

**Songe de quête :** peut-être un signal que vous lasserez vos amis et protecteurs par vos sollicitations trop fréquentes.

**O**u que l'on en veut à votre argent, voir votre affère.

**Songe** de quête indique aussi un bienfaiteur inconnu.

**Faire la quête signifie :** que vous tiendrez votre bourse et vos finances de main de maitre.

**L**'indice que vous avez des amis importuns et indiscrets.

**Voir des quêteurs ou des quêteuses annonce :** des gens qui spéculent sur votre confiance ou qui veulent vous volée votre ides

**Songe que vous êtes en quête de quelque chose est le symbole :** de votre chemin de vie et de vos buts dans votre existence.

**Cette quête vous prédit la rencontre d'obstacles :** de questionnements, de problèmes, mais cette quête en songe vous montre qu'elle est nécessaire pour votre évolution personnelle.

# Songe de quincaillerie

**Songe d'acheter de la quincaillerie :** perte considérable.

**Songe de vendre ou d'acheter dans une quincaillerie signifie :** accusation par de faux amis.

**Songe de quincaillerie indique :** que vous négligez les grandes affaires pour les petites ; vous ne sortirez pas de la médiocrité.

# Songe de quittance

**Songe de quittance et en recevoir une en rêve :** vous promet une chose peu agréable, vous aurez une dépense d'argent avant peu.

**Donner une quittance à quelqu'un :** au contraire, c'est de l'argent qui vous revient.

**Si vous avez perdu des quittances en rêve :** c'est un signe d'oubli, de réconciliation.

**Songe de quittance prédit :** des remboursements inespérés.

**En donner une :** c'est l'occasion de faire un acte de reconnaissance.


**En recevoir une :** on se montrera votre obligé par manière d'esprit.

# Songe de quitter

**Songe de quitter, si le rêve vous montre quittant quelqu'un :** c'est un signe d'attachement qui durera.

**S'il vous fait voir le départ d'un être cher :** c'est au contraire que cette personne vous est attachée.

**Quitter ses vêtements en rêve annonce :** un service qu'on vous rendra, sella peut-être bon ou mauvais par rapport au contexte.

**Voir quelqu'un quitter ses vêtements signifie :** un procès ruineux.

**A**lors un mauvais arrangement vaut mieux qu'un bon procès.

**Songe de quitter ses chaussures indique :** un événement néfaste provoqué par soi-même, attention à vos réactions.

**Songe de quitter son domicile représente :** un changement de vie inattendu et surprennent.

# Songe de quolibets

**Songe de quolibets, si vous en êtes victime en rêve :** il vous faut surveiller vos relations ; il y a parmi elles des gens dont la fréquentation ne vous vaut rien.

**Songe de quolibets signifie :** ne donnez pas flanc à la raillerie !

Vous avez de faux amis, avec lesquels vous feriez bien de rompre cette relation nocive.

# ***IMPORTANT !!!***

*Cet ouvrage a été conçu pour les personnes en recherche du savoir et du mystique.*

*Que toutes ressemblances et amalgames seraient totalement fortuites !*

**Vous pourrez retrouver
Poyet Karine sure**

http://www.poyet-karine.com/

http://voyance-pierre-horn.name